Neue indianische Poesie
aus Akwesasne Notes u.a.

Herausgegeben von Mechthild Mailandt

Übersetzt von Anneliese Rudwaleit

KLENKES Druck und Verlag

5,00 DM Solidaritätspreis
1,00 DM des Buchpreises geht an die Indianerzeitung 'Akwesasne Notes', aus der ein Großteil der Gedichte dieses Buches entnommen ist.

Solidaritätskonto: Mechthild Mailandt
1687 Volksbank
Rhein-Wupper
Leverkusen 3

Satz, Lay out, Druck und Vertrieb:
KLENKES, Druck und Verlag GmbH
Oranienstr. 9, 5100 Aachen

April 1978

Auflage: dreitausend

ISBN 3-921955-02-5

Lieber Leser !

Als mir 1974 Ann Jock[1] ein Exemplar der 'Akwesasne Notes'[2] schickte, fand ich ein paar Gedichte, die mich tief beeindruckten. Ich versuchte sie zu übersetzen, obwohl mein Englisch sehr schlecht war. Ich hatte den Wunsch, diese Gedichte einem größeren Kreis von Menschen bekannt zu machen, weil ich meinte, daß diese Lyrik vom Inhaltlichen her uns heute Lebenden sehr viel zu sagen hat und sich von ihrer literarischen Qualität her durchaus mit den Texten unserer großen Poeten messen kann.

Wie das Bekanntmachen der Gedichte zu geschehen habe, wußte ich nicht; es war ja nur eine Handvoll. In der Folgezeit machte ich die Bekanntschaft mit Anneliese Rudwaleit, die ihre Aufgabe darin sieht, Texte aus den 'Notes' ins Deutsche zu übertragen, um auf diese Weise auf die Probleme der nordamerikanischen Indianer aufmerksam zu machen. Sie schickte mir weitere Gedichtübersetzugen und wir beschlossen, sie in einem Bändchen zusammenzufassen und zu veröffentlichen. Die weitaus meisten Gedichte sind Übersetzungen von Anneliese Rudwaleit. Wir nahmen auch noch einige Texte eines bekannten Folkloresängers auf, der Cherokee-Indianer ist, und dessen hier abgedruckte Lieder sich mit der indianischen Geschichte befassen.

Zum Inhaltlichen der indianischen Poesie ist zu sagen, daß sie sich mit der indianischen Geschichte und ihren Auswirkungen auf die soziale Lage der Indianer auseinandersetzt und sich auch auf die Situation der Indianer heute bezieht. In vielen Gedichten kommt die tiefe Naturverbundenheit und die Trauer über die Zerstörung der Erde durch die Industrie-Gesellschaften zum Ausdruck.

Dazu muß man wissen, daß für Indianer das Wort 'Mutter Erde' nicht eine sentimentale Floskel ist wie für neudeutsche Romantiker, sondern daß sie sich als einen Teil der Erde und der sie umgebenden Natur betrachten, und daß das Töten eines Tieres um des Profits willen abgelehnt wird, weil sie sich als Geschwister alles Lebenden sehen. Dieses 'Machet euch die Erde untertan' finden Indianer aufs Höchste verwerflich.

Gerade deshalb glauben wir, daß es zum gegenwärtigen Zeitpunkt notwendig ist, die Dichtungen der Indianer bekannt zu machen, die ein Ausdruck ihrer Lebensanschauung sind. Während allerorts die Erde blindwütig nach Bodenschätzen und Energiequellen abgesucht wird, um unsere bequem privaten Egoismen zu befriedigen, sollten wir erkennen, was die Menschen darüber denken, denen in den vergangenen Jahrhunderten ihr Lebensraum gestohlen wurde.

Wir hatten die Absicht, den Reinerlös, den dieses Bändchen erbringt, den Akwesasne Notes zu überweisen, die sich, wie alle indianischen Alternativprojekte immer in finanziellen Schwierigkeiten befinden und oft nicht wissen, wie die nächste Nummer herausgebracht werden soll.

Ich schließe meine Vorbemerkung mit dem Gruß der Navaho: Ya-ah-teh
Das ist: Möge immer alles Gute und Freundliche mit dir sein ! Das wünschen wir diesem Büchlein und allen seinen Lesern.

Mechthild Mailandt
3. Januar 1978

Inhaltsverzeichnis

Hiawathas Vision.............. 6
Apatschentränen.............. 7
Die sprechenden Blätter.......... 8
Völkermord................. 10
Eine alte Lüge................ 10
Was fühlst du, wenn du
einen Indianer siehst?........... 11
Überheblichkeit 12
In den Slums 12
Touristen Heimkino............ 13
Resignation 13
Leere 14
Einsamkeit.................. 14
Besinne dich................. 15
Victorio.................... 15
So lange das Gras wachsen wird 16
Das Gefängnis................ 16
En Bano Verhöre.............. 16
Frei zu sein ist besser 17
Tragische Bruderschaft.......... 17
Jagd 17
An Nelson Small Legs jr. 18
Hagelsturmnacht.............. 19
Da schreibt jemand 19
1909 – 1977 20
Fortschritt 20
Montana-Nacht............... 21
Die zivilisierten Leute........... 22
Heilige Frau aus der
kalifornischen Wüste 22
Ich fragte einen alten Mann....... 23
Der Fluß der unser ist........... 23
Trag deine Federn 24
Visionen 24
An meinen Sohn 25
Lied vom Kindlein
mit den Großmutteraugen......... 25
Wo ich war.................. 26
Es ist aus 26
Felsen der Träumer 27
Musik des tanzenden Mondes....... 28
Ich bin... 29
Ich bin wachsendes Gras......... 30
Pueblo-Geister 31
Lebender Fels................ 31
Die Stimme in der Trommel 32
Leben 32
Ein indianisches Gebet 33
Ich danke dem Schöpfer 34
Das Schwitzzelt............... 36
Bei meinem Kachina 37
Sommer-Wind-Gesänge 38
Ich tanze 38
Heimkehr................... 39
Geburt eines Apfelbaumes......... 40
Alte Krähe 40
Ganienkeh 41
Geschichtenerzähler............. 42
Großmutter Crow Dog 43
Denk daran 44
Indianerkunst................ 45
Emporsteigende Fremde.......... 46
Alles wieder, wie es war 47
Schritte.................... 47
Dann...................... 48
Cahuilla.................... 49
Hinter der Sonne.............. 49

Hiawatha's Vision

An das Gitchigumi +) Ufer
seines Wassers hellem Schimmer,
alt und grau stand Hiawatha,
lauschte dem uralten Giabu.
Und die Frau'n und jungen Männer
aus dem Lande der Ojibways
aus dem Lande der Dakotas
aus den Wäldern und Prärien
standen lauschend vor dem Seher.

„Und ich sah", sprach er, „ein Wasser.
Größer als der größte See,
breiter als der Gitchigumi,
bitter, niemand konnt' es trinken
salzig, niemand konnt' es nutzen".

Hiawatha sprach zu ihnen,
„Spottet nicht und lachet nicht.
Wahr ist's was euch Giabu sagte.
Denn auch ich sah die Vision.
Ich sah auch das große Wasser,
dort im Osten, gegen Morgen.
Und auf diesem großen Wasser
sah ich ein Kanu mit Schwingen,
größer als ein Fichtenhain
höher als das höchste Haus.
Männer trieben es voran,
das Kanu so fremd und schnell,
in ihm waren viele Menschen.
Fremd und seltsam waren sie
mit Gesichtern weiß wie Schnee
und mit Haar das Kinn bedeckt.

Weiter sprach dann Hiawatha:
„Was ich dann sah, war noch dunkler.
Denn es folgten Hunderte,
fielen ein in die Prärien,
schlugen unsere Wälder ab,
in den Tälern qualmten Städte.
Unser Volk wurde verjagt,
nirgends saß es mehr zu Rate,
und die Heimat mußt' es lassen,
westwärts ziehen voll Verzweiflung.
Und die Männer mit den Bärten
und der schönen weißen Haut
trieben mit den Donnerstöcken
unseres armen Volkes Rest

westwärts, westwärts, weiter westwärts.
Immer wilder ward der Westen,
der auch einmal uns gehörte.

+)Oberer See

Apatschentränen

Hufspuren, Fußspuren,
tiefe Rillen machen die Wagen.
Der Sieger und der Verlierer
kamen hier vorbei.
Keine Grabsteine, nur Knochen
zeugen vom Todesröcheln der Mescaleros.
Sieh die glatten schwarzen Kiesel
hier zu Tausenden liegen.
Versteinerte und gerechtfertigte Apatschentränen.

Totes Gras, trockene Wurzeln —
Hungrige weinen in der Nacht;
gebrochene Herzen durch gebrochene Gesetze — geisterhaft.
Sahst du die junge Frau,
die sie nach ihrem Whisky-Gesetz verurteilten,
die sie quälten, bis sie starb?
Auf den schwarzen Apatschentränen
ließen die Soldaten sie liegen.

Der junge Mann, der alte Mann,
der Schuldige und der Unschuldige,
alle vergossen das gleiche rote Blut,
alle lagen in der gleichen Todeskälte.
Der rote Mann, der weiße Mann —
keiner hat dieses Land gewonnen,
Drum preise es nicht, wenn du hier vorbeikommst.
Alle schlafen für immer,
und in mir brennen die schwarzen Apatschentränen.

J. C.

Die sprechenden Blätter

Sequoya war sechzehn Winter alt.
Schweigsam und mit wachem Geist
ging er an seines Vaters Seite
über das rauchende Schlachtfeld,
auf dem die toten Männer lagen, rote und weiße.
So viele waren hier gestorben.
Der Wind hatte weiße Blätter auf den Boden geweht,
keine Blätter wie von Bäumen.
Sequoya dachte: „Was mag das sein,
das ist doch seltsam, was ich hier sehe.
Woher kommem denn solche Blätter?"
Er hob die Augen zu seinem Vater auf und sagte:
„Vater, du bist weise, woher kommen solche Blätter
mit so seltsamen Zeichen darauf?
Nicht einmal die kluge Eule könnte das.
So seltsam sind die weißen Blätter."
Sein Vater verstand seine Wißbegier
und gab ihm die ersehnte Kunde von den weißen Blättern.
Er sagte: „Was du hier siehst, mein Sohn,
sind sprechende Blätter, des weißen Mannes sprechende Blätter.
Der weiße Mann nimmt schwarze und rote Farbe
und eine Feder aus dem Adlernest und macht damit Zeichen.
Und man sagt, daß die Zeichen Botschaften zu seinem fernen
Bruder bringen, und sein Bruder sieht ihm ins Herz.
Durch diese Zeichen versteht man die Wahrheit
im Herzen des fernen Mannes. Auch die Feinde können sie hören.
Und Sequoyas Vater sagte: „Sohn, sie weben auch Lügengespinste
auf diesen sprechenden Blättern. Überlaß das ihnen."

Leichtfüßig und schweigend folgte Sequoya seinem Vater;
aber er konnte es nicht fassen:
„Wenn der weiße Mann auf Blättern spricht,
warum nicht auch der Cherokee?"

Sequoya verließ den Vater und zog von Ort zu Ort,
aber er konnte nicht vergessen.
Jahr um Jahr verging mit Grübeln und Mühen,
bis er endlich das Cherokee-Alphabet in den Stein schnitt.
Sein Haar war nun weiß, sein Augenlicht trüb,
aber er lehrte es alle, die ihm glaubten,
daß des Indianers Gedanken auch niedergeschrieben werden könnten
wie die des weißen Mannes;
denn er gab uns die sprechenden Blätter.

J. C.

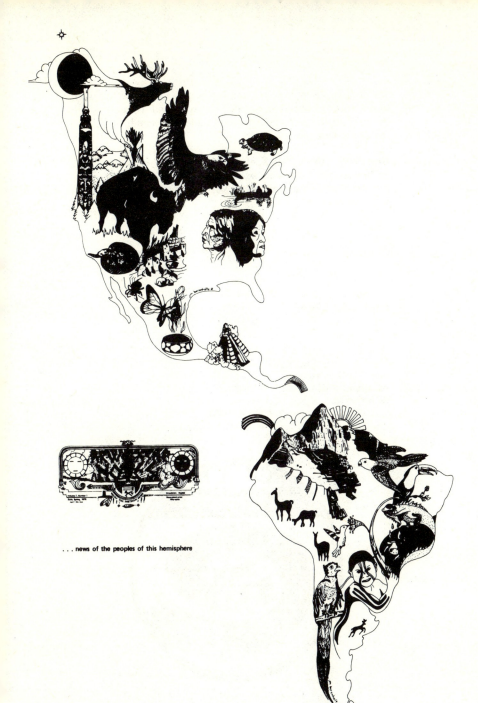

... news of the peoples of this hemisphere

Völkermord

Mit pockenverseuchten Decken versuchten sie uns zu töten,
unser Volk fiel durch knatternde Gewehre und Alkohol.
Ihr gabt uns verfaultes Fleisch und schlechtes Land,
damit wir Hungers sterben.

Und doch — der heilige Kreis wird sich wieder schließen,
ein souveränes Volk wird weiterleben.
Zweihundert Jahre gebrochene Versprechen endeten nicht
in Wounded Knee[3]

          Winifred Swingle

Eine alte Lüge[4]

Da ist keine Lüge wie die ewig-alte:
„So lange die Flüsse fließen
und das Gras wachsen wird..."
ist, die älteste Lüge der Weißen
in Amerika.
     John Keeshig

Was fühlst Du, wenn Du einen Indianer siehst?

Was fühlst Du, wenn du einen Indianer siehst?
Ist es Traurigkeit oder Scham?
Zuckst du nur die Schultern
und sagst: ich habe keine Schuld?

Was fühlst du, wenn du einen Indianer siehst?
Ahnst du, wie stolz sein Herz ist
und wie sehr es ihn schmerzt,
wenn er dasitzen und grinsen muß,
wenn jemand sagt: „ He, Häuptling,
tanz uns mal einen Regentanz vor."
Denn sie werden nie verstehen,
was ein Tanz Ihm sagt.

Weil sie niemals saßen und lauschten,
wenn die uralten Indianer erzählten
vom Leben, bevor der weiße Mann kam,
oder sahen wie ein Indianermädchen
sich eine Rassel ans Bein band,
um die Jugend die Tänze und Gesänge
vergangener Zeiten zu lehren.

Was fühlst du, wenn du einen Indianer siehst?
Die Einsamkeit um ihn,
den Fremden im eigenen Land
mit der Angst vor dem Unbekannten?

Du sagst ihm, er solle sich nicht fürchten.
„Komm, wohne im Haus des Herrn'.,
sagst du.
Aber mit den gleichen Worten
hast du sein Leben zerstört.

Jetzt wohnt er im Haus der Armut
und wundert sich, was du noch von ihm willst,
du hast sein ganzes Land genommen,
die Seinen müssen darben auf dürrem Land,
nicht einmal ein Mensch darf er sein.

Seine Kinder haben nur ein halbes Leben,
dein Whisky richtet ihn zugrunde,
von Almosen muß er sich nähren,
als Clown verkleidet den Clown spielen.
Du sagst, da wäre irgendwo ein Indianer,
der so spricht wie du.
Denk einen Augenblick darüber nach:
glaubst du, daß ihm etwas daran liegt?

Jim L. Ketcher

Überheblichkeit

Du spottest meiner,
willst du dich über mich erheben,

du weißt nicht, daß du es nicht kannst,
denn meine Seele reicht in den Himmel
und in mir ist Friede.

Jane H. Adams

In den Slums

Der Heimat beraubter Cherokee-Mann
sitz auf morscher Veranda in den Slums
und starrt auf die schmutzige Straße

saugt am Rest der zerdrückten Zigarrette
und wirft ihn geistesabwesend in den Rinnstein

Nebenan
des Nachbarn Elendshütte ist mit Brettern zugenagelt
(nur das Dach nicht)
und der kleine Hof zugewachsen
mit einem Dschungel von Gestrüpp und Unkraut

Ist schon recht so.
Nachbar ist tot seit acht Jahren.
Der Heimat beraubter Cherokee-Mann
sitzt auf morscher Veranda in den Slums
und träumt von den Qualla-Bergen

Aber wer weiß, daß sein Geist den Körper verlassen wird,
bevor sein Körper die Slums verläßt.

Inali Bill Clark

Touristen-Heimkino

„Und hier ist ein Indianer,
der Ralph ein Schmuckstück verkauft -
ich nehme an, daß er von dem Geld
Alkohol kauft und sich besäuft."

Tourist, gehst du auch durch die
Slums der Schwarzen,
um Säufer und Penner zu photographieren?
Glaubst du wirklich, daß du willkommen bist,
glaubst du wirklich, daß hungernde Menschen
das alles gerne tun wegen der paar Pfennige?
Siehst du nicht ihren Zorn?
Siehst du nicht ihren Schmerz?
Beides sagt dir still:„ Geh weg
und komm nie wieder."

         Bob Bacon

Resignation

In der Ecke, auf dem Boden der stinkenden schmutzigen Bar
liegt ein Mann, zerlumpt, zerknittert,
im Gesicht die Runzeln von 3000 Jahren -
nichts mehr von langen schwarzen Zöpfen,
Federn, Perlen und Glöckchen, von Stolz und List,
die einst neben ihm ritten, wenn er spähend
über sein Land zog, mit Augen scharf wie Adlerkrallen
und Muskeln glänzend in der Sonne.
Sicher und kundig führte er sein Volk
zu Wasser, Büffel und FREIHEIT.
Und darum wurde ihm alles genommen,
und Schmutz und Schande gaben sie ihm,
nun liegt er am Boden, zerlumpt, zerknittert.
Ach, wenn sie wüßten,
daß diese vom Trinken geröteten Augen
immer noch nackte, rote Haut sehen
und den Adler am Himmel.

Nichts mehr von langen schwarzen Zöpfen,
Federn, Perlen und Glöckchen, von Stolz und List.

         Ricky Spotted Wolf

Leere

Ich habe das „Morgen"
von meiner Seele gestreift,
da alles sicher zu sein schien.
Die Zukunft verwirrt nicht länger
meine Gedanken.
Denn da ist
    Nichts!
       Verscharrt
       wie ein alter Hundeknochen
       weggeworfen, begraben,
       denn sie wollen ein ruhiges Gewissen haben.
Du paßt nicht in ihren Rahmen.
Die Leere hat über die Träume gesiegt.

                                     Barbara Booth

Einsamkeit

Ich habe Einsamkeit gekannt
für eine unendliche Zeit,
schaute nach keinem Freund aus,
suchte keinen Mann,
wollte auch kein Heim.
    Doch weiß ich nicht,
       was meine Seele befreien könnte,
       die sich inbrünstig sehnt,
       nach etwas, das ich nicht beschreiben kann.
    Eines wünschend,
       das ich nie hatte:
              Freiheit
                        Wah-Zin—Ak

Besinne dich

Bruder,
Du weißt dich von mir geliebt,
warum gehst du diesen Weg?
Du verletzt mich so tief,
läßt aufschreien mich,
du quälst mich so sehr!
Du Narr,
du Narr aller Narren,
fühlst du nicht meine Sorge?
Du zankst mit dem Bruder,
du trinkst und brüllst laut,
du landest im Zuchthaus,
und bist deprimiert,
fühlst dich allein,
voll ratloser Angst.
Du wußtest,
ich kam, um liebend zu helfen.
Warum riefst du mich nicht?

                Wah–Zin–Ak

Victorio

Bemitleide mich nicht
ich bin nicht arm.
Ich bin nicht alt.
Ich bin ein Häftling.
Wein' nicht um mich,
ich bin nicht krank,
ich bin nicht tot.
Ich bin ein Krieger.
Schäm dich nicht für mich,
ich bin nicht schwach,
trag' keine Schuld.
Ich bin dein Sohn . . . .

                Coke Millard

"Solange wie das Gras wachsen wird" sagten sie

Starke Männer mit Herzen wie Winterregen
kämpfen jetzt gegen Regierungsmarionetten, die kein Gesicht haben,
um das braune Grasland, das ihren Vätern gestohlen wurde
durch Verträge, die sie weder lesen noch verstehen konnten.

Folsom Prison
August 1975

Das Gefängnis

"Das Gefängnis bleibt,was es ist"
ein dumpfer Schmerz vom stumpfen Messer der Zeit

Ross Laursen - Viking-Comanche
Folsom Prison

En Bano Verhöre

1973 und 1974

Ich werde diese Sträflingskleidung tragen,
so wie ihre es wollt
und deswegen nicht bekümmert sein, aber
ICH BIN UNSCHULDIG
darum kann ich euch auch nicht zu Munde reden,
um diese verfluchte Bewährung zu bekommen.

Da ist mein Rechtsanwalt,
wenn eines Tages alles vorbei ist
und ich wieder meine Freiheit habe,
dann hoffe ich,
daß man mich nicht beleidigen wird,
indem man sich bei mir entschuldigt.

Ross Laursen

Frei zu sein ist besser

Ich bin jetzt länger als fünf Jahre
in dieser Zelle
und ich habe mich noch immer
nicht daran gewöhnt

        Ross Laursen

Tragische Bruderschaft

Im Frühling lausche ich den jungen Vögeln,
aber jetzt wo das Land mit kargem Wintergras bedeckt ist,
wende ich mein Ohr der traurigen Stimme des Präriewolfs zu
und fühle die tragische Bruderschaft zwischen uns,
denn wir beide hungern und frieren
und jede Nacht suchen wir Gefährten,
die uns wärmen und die es nicht gibt.

        Ross Laursen
        Folsom Prison 1975

Jagd

Wenn man den Bären nicht mehr jagt
ist man kein Bärenjäger mehr.

        Ross Laursen
        Folsom Prison 1975

Nelson Small Legs, Jr.

An Nelson Small Legs jr.[6]

Ein guter Mensch starb -
ein starker Wind wehte seinen Geist heim.
Sie nannten es „Selbstmord".
Doch jetzt weiß jeder:
Nelson Small Legs starb als Märtyrer,
starb durch seine eigene Hand;
um das Volk wachzurütteln,
kämpfte seinen letzten Kampf.
Ein endgültiger Protest gegen die Unmenschlichkeit eines Lebens
als versklavter Indianer in der weißen Welt.

Kann denn eines Mannes Sterben
des Indianers Ketten brechen und eine Wende bringen?
oder müssen wir immer wieder sterben, sterben, sterben?
bis keiner von uns mehr lebt?
Wir sterben doch schon täglich
(denn täglich brechen unsere Herzen).
Täglich mordet ihr uns tausendfach
- und nennt es „Selbstmord".

Bob Bacon

Hagelsturmnacht

Stumpfe Pfeile der graslosen Zeit
durchbohren meine Kriegerseele
bis das ganze Leben
eine Hagelsturmnacht wird.

     Ross Laursen
     Folsom Prison
     August 1975

Da schreibt jemand

Da schreibt jemand,
daß man das Volk nicht vernichten kann,
ich meine aber,
wo das Volk sein Erbe verrät für Gold
oder Öl oder Geld oder Autos oder
schöne Häuser mit elektrischen Öfen,
da zerstört es sich selbst.

     Ross Laursen
     Folsom Prison
     Juli/August 1975

1909

Es gibt ein neues Lied, alter Häuptling:
das Rotholz ist nicht mehr der höchste Baum,
der Adler nicht mehr der stolzeste Vogel,
die Eichen stimmten für eine Fichte,
und jetzt ist die Fichte der größte
und bei den Enten trat eine Taube das Wasser.

Keiner zählte Coups[7], alter Häuptling:
die Flüsse fließen nach rückwärts,
die Fische werden mit Quecksilber gefüttert,
der Bussard wird fett.
Es ist verrückt, verrückt.

1977

Es gibt ein neues Lied, junger Häuptling:
Das Rotholz ist groß und stark,
der Adler fliegt und fliegt
und alles ist gut.
Sie hatten sich vor uns versteckt,
damit wir unser Herz,
unsere Seele,
unseren Geist
wiederfinden.

                        terry buckanaga

Fortschritt

Noch ganz von Träumen erfüllt
trete ich ein ins Wunderland
– und finde Mottenkugeln in der Wüste.
Wohin führt dein Weg, armer Indianer?
(Ist doch berechtigt, die Frage,
bei solcher Bedrohung, nicht wahr?)
Des fromm staunenden Wanderes Zeit ist vorbei
denn das Monstrum beginnt
sein schmutziges Geldgeschäft.
Wieviele Menschenleben
wird der Fortschritt fressen?

                        Juan Reyna

Montananacht[8]

Ich wandre des Nachts
und wenn mein Schritt stockt
auf steinübersätem Boden
hör ich gedämpften Aufschrei
widerhallen in der Stille
dieser Montananacht
und Mutter Erde spricht
mit leisen herben Worten.
Sie ist bedeckt
mit schwarzem Kohlenstaub
und ihre Tränen, die Steine
sind schwarz, und sie fragt:
„Warum, meine Kinder?
Ich bin hier für euch
und ich kann nur husten
vor Staub in der Luft."

Ich gehe fort,
ich weiß keine Antwort
und denke an die Pläne der Fremden
mit uns,
Sweet Medicine sprach davon,
und ich fürchte mich.

                      Lewis Beauchamp
                      Montana State Prison
                      April 1974

Die zivilisierten Leute

Die zivilisierten Leute erfanden das Telephon
und den Füllfederhalter,
aber sie haben vergessen, wie man betet.

Die zivilisierten Leute reden hin und her;
sie schreiben Zeitungsartikel über ihre vagen Vermutungen;
sie haben vergessen, daß sie telepathisch sind.

Die zivilisierten Leute reden sich gegenseitig
endloses Geschwätz in den Hals und wundern sich,
warum sie nicht satt sind.

Die zivilisierten Leute leben von Maisflocken
und menschlichen Werten
und wundern sich, warum der Kriegszustand
in ihren Herzen nie aufhört.

Habt Mitleid mit den zivilisierten Leuten,
die Wein trinken, während sie Wasser haben könnten.

                                Buffy Sainte-Marie

Heilige Frau aus der kalifornischen Wüste

Ich, die Spechtfrau, habe euch lange gekannt,
ihr kamt als Freunde zu mir,
zu Pferde,
brauchtet meine Hilfe,
lernend   liebend,
wurdet Teil meiner Welt
und bliebt doch ihr selbst.
Ich sah euch Wissende werden
durch Lernen.
Noch einmal versenke ich mich
doch in Trauer, die nie mehr enden wird.
So viele seh ich jetzt kommen,
fluten in Asphalt, Metall und Glas,
und ihr bemerkt mich nicht einmal.

                                Jenny

Ich fragte einen alten Mann

Ich fragte einen alten Mann:
„Welche Geheimnisse muß ich wissen,
um die Welt zu verstehen?"
Er sagte: „Es gibt keine Geheimnisse,
aber wenn du auf den Berg steigst,
oben auf dem Gipfel stehst,
die Elemente spürst,
Regen, Wind, Sonne,
und dann zurückgehst –
dann wird dich ein Mann mit einem Gewehr erwarten,
und das, glaube mir, ist kein Geheimnis!"
                                                              Git–git

Der Fluß der unser ist

Träge, tastend schlängelt er sich durch unser Land,
und die Macht über Tod und Leben ist in seinen tiefen,
wogenden Wassern.

Viele Jahre sind vergangen, das Land ist trocken,
das er durchfloß.
Wieder ging er fort und hat ein neues Bett gesucht,
in dem er fließen kann.

Es ist nur ein Fluß, aber er fließt durch mein Herz
und schwemmt die Geheimnisse fort, die Vergangenheit,
Geschichten, die niemand kennt.

Ich liebe das Leben vergangener Zeiten,
wenn ich an seinen Ufern sitze,
seinem geheimnisvollen Weg nachsinnend,
ihm folgend.
                                          L. D. Malcolm

Trag deine Federn

Trag deine Federn,
trag deine Perlen,
der Geist des Unrechten ist auf der Straße.

Du hast dich behängt mit Kupfer und Silber,
den gekauften Gespenstern der Berge und Flüsse.

Zerbrochene Verträge
zerbrochene Menschen
zerbrochene Träume
zerbrochene Seelen
zerbrochen des Landes Einheit

Du feierst Geburtstag, Amerika,
du Kind des Scheins.

Sei uns willkommen, Zeit der Reinigung

          Azarra

Visionen

Ihr meint, ich hätte Visionen,
weil ich Indianerin bin.

Ich habe Visionen,
weil es Visionen gibt.

     Buffy Sainte–Marie

An meinen Sohn

An meinen Sohn
kleinen Sioux-Jungen.
Weißt nichts vom Leid,
das deinem Volk angetan,
glaubst, sie seien zu deiner Freude da,
die reiche braune Erde,
die Bäume,
die flutenden Ströme,
die goldene Sonne.
Wachse schnell
bevor alles hinweggefegt ist
von Menschen, die vergessen haben,
daß du auf der Welt bist.
                            Margo Cassis

**Lied vom Kindlein
mit den Großmutter-Augen**

Ach Kindlein, mein Kindlein
dein Körper sagt, du bist jung
doch deine Augen sagen, du bist alt,
sehr alt.

Ach Kindlein, mein Kindlein -
einmal wirst du alt - wie ich
und ich wieder jung
ja, wieder jung.

Ach Kindlein, mein Kindlein
in deinen Augen ist Vergangenheit
und der Abglanz eines besseren Lebens.

Ach Kindlein, mein Kindlein
ich brauche die Weisheit in deinen Augen,
den Frieden in deinem Herzen,
     Frieden in deinem Herzen.
                    Susan Freis Ezell

Wo ich war

„Wo bist du gewesen?"
sie fragten mich,
und ich sagte meinem Volk,
daß ich auf die Berge gestiegen war
und den Geruch der See spürte,

daß ich Bären geiagt
und zwei Jahreszeiten erlebt hätte
schwelgend im Schweigen
ihrer einsamen Majestät,
bis meine Zunge Staub war
und meine Haut Wasser vergoß.
Und ich drohte mit der Faust

den Flugzeugen
und segnete den Donner.

Nur die Ältesten verstanden mich,
nur der Alte lächelte wissend.

Sarah Underhill

Es ist aus

Es ist aus,
hier sitz' ich und betrachte den Sand
der Zivilisation,
der durch meine Finger rinnt.

Es ist aus,
die Toten sind nur Erinnerung
und leben in unseren Liedern weiter.

Es ist aus mit uns.

Und der Adler
fliegt einsam hinein
in die Berge des Himmels

schützend die Jungen
die, nimmer verstehend

unter ihm wandern.

Felsen der Träumer

Es war eine heilige Stätte, von gigantischen Kräften aufgetürmt,
mit ragendem Gipfel, hoch bis zum Weg der aufwärts ziehenden Seelen
und dem Jenseits der Welt,
oft verhüllt von mystischen, aus dampfendem See steigenden Nebeln,
erhellt von Sonne und Mond oder umgeben von kosmischer Dunkelheit,
Wirklichkeit werdend durch den Atem des Lebens,
sich wandelnd und doch immer gleich,
wandelnd das Gefühl des Seins,
sprechend vom Geheimnis des Werdens
aber es nicht entschleiernd.

Es war ein heiliger Ort, den der Urgeist zuerst erschuf,
verborgen im dunklen Schoß der Ursubstanz,
durch göttliches Gesetz bestimmt,
das Geheimnis der Kraft des Lebens zu bewahren,
doch vom Gesetz jenseits der Gesetze ausersehen,
Herz und Seele des Menschen zu durchdringen
und sich ihnen zu verbinden,
das Bestehende zu mehren,
dem Dasein einen Zweck zu geben,
Leben zu schenken, ohne das Geheimnis des Lebens zu enthüllen.

Zu diesem Gipfel der Visionen kamen Jünglinge, von Hoffnung erfüllt,
fast Kinder noch an Gestalt,
oder mit Herz und Seele dem Weltengeist noch nicht verbunden.
Wachend in einsamer Nacht wehrten sie dem Wunsch des Körpers
nach Speise und Trank, entflohen der engen Sinnenwelt,
um den Hunger der Seele zu stillen
und Herz und Geist zu reinigen,
um den heiligen Traum sich zu verdienen und zu empfangen,
der Form und Weg des Lebens und der Bestimmung Zeichen setzt
und neue Kraft zum Leben schenkt.

Jetzt ist hier ein Platz für die Öffentlichkeit,
die Einsamkeit preisgegeben denen, die einherkommen,
gleichgültig und gedankenlos, wie sie auch durch ihr Leben gehen,
die sehen aber nicht suchen, die hören aber nicht zuhören,
die berühren aber selbst nicht berührt sind,
spottend und ohne Ehrfurcht ihre Namen kritzeln auf uralten Fels,
als ob Namen mehr bedeuteten als das Geheimnis des Seins.

                                               Basil H. Johnston
                                               1974

Musik des tanzenden Mondes

Ich will nicht schlafen im Mondschein der Morgendämmerung,
während ich hier im hohen, kühlen Gras liege,

Ich betrachte den Tanz des Mondes zum Gesang der Frösche
und den Rhythmus der Grillen,

die Erde ist kühl, mein bloßer Körper dampft,

im Geiste tanze ich mit dem Mond zu dem Gesang und dem Rhythmus,
während der Mond den silbernen Sternenregen versprüht,
der meinen tanzenden Geist erschauern läßt,

ein Wirbelwind raschelt den Weg entlang,
den der Geist des Wolfes geht,
nicht weit von den bunten Bändern des Regenbogens,
die über plumpen grauen Wolken wogen,

über dem Wirbelwind kreist eine weiße Eule
und folgt dem rastlosen Wolfswind,

sie tanzen zusammen zum Gesang und Rhythmus des Regens,
der von den Sternen fällt,

der wirbelnde Wolfswind kitzelt die Blätter
und sie kichern ein lustiges Lied,
so daß ich lachen und singen könnte
mit den Sängern des tanzenden Mondes,

aber ich will nicht singen im Mondschein der Morgendämmerung,

ich will nur lauschen dem Lachen und Singen,
dem Lied und dem Rhythmus
ich will den tanzenden Mond betrachten
und das Wogen der bunten Bänder des Regenbogens,
bis der Glanz aus dem Osten die Wiedergeburt meiner Lieder bringt,
die für alle Zeiten Musik des tanzenden Mondes bleiben,
wenn der Morgen kommt.

Rokwaho

Ich bin ...

Ich bin die Austerbank an der Küste von Momtauk,
Sand, Wirbelwind, Nebel.

Ich bin eine aufragende Birke und ein blühender Baum.
Pfeife, Seifenstein, Rauch.

Ich bin die Pfade, die Irokesenfüße berührten,
Blatt, Wampum, Eule.

Ich bin die Ebene mit den Spuren des Windes von Jahrhunderten.
Salbei, Schlange, Mesquite.[9]

Ich bin bemalte Pfeile und Sonnentanz-Weide.

Ich bin Türkis, Himmel und flammender Wüstenkaktus,
Canyon, Hogan[10], gebratenes Brot.

Ich bin die Täler der sich schlängelnden Flüsse
und seichte Gewässer.

Ich bin in Geweih geschnitzte Totems[11]
und laichender Lachs in schäumenden Flüssen.
Meine Sippe ist die Insel der Meerschildkröte.

Ich bin Bruder, Hirsch, Elch, rotschwänziger Habicht,
ich bin ein Erhalter dieses Landes.

Ich bin Generationen von heiligen Männern und Kojotenmärchen,
Gesänge, Rasseln, Trommeln.

In mir sind die vier Richtungen des heiligen Kreises.
Ich bin Indianer.

                                              P.J. Brown

Ich bin wachsendes Gras ...

Ich bin wachsendes Gras und des Grases Schnitter,
bin der Weidenbaum und der, der ihn fällt,
bin Weber, Gewebtes, Hochzeit von Weide und Gras.
Bin gefrorenes Land und des Landes Leben,
Atem und Tier und Felsengestein;
in mir lebt der Berg und die schwebende Eule
und ich leb' in ihnen, bin Bruder der Sonne,
des Blutes Kraft und vergossenes Blut,
ich bin der Hirsch, und ich bin sein Tod;
ich bin der Stachel in deinem Gewissen:
nimm mich an.

        Ila Abernathy

Pueblo Geister [12]

Sonnensteine mit Türkisaugen der Staubhabichte
sehen mich auf beschattetem Webstuhl sitzen,
Pyramidengesänge singen
und Kaktusmasken zeichnen in den Sand.

Sie lesen das Sonnenfleckenmosaik
auf meinen Pilgerhänden
und lauschen dem Echo
meiner den Tanz der Tongefäße tanzenden Füße
auf den leeren Straßen der Einsamkeit
und sie fragen sich,
welche Pueblogeister ziellos
in und um mein Topasgehirn wandern,
weil mich der hängende Felsenhimmel freut
und ein Kojotensonnenuntergang,
den nur eine blaue Eidechse gesehn hat.

        Folsom Prison
        August 1975

Lebender Fels
Beschwörung

Ich bin ein Stein,
Leben sah ich und Tod,
fühlte Glück und Gram und Kummer.
Ich lebe das Leben des Felsen.
Ich bin ein Teil der Erdmutter.
Ich fühlte ihr Herz pochen an meinem.
Ich fühlt' ihren Schmerz.
Ich fühlte ihr Glück.
Ich lebe das Leben des Felsen.
Ich bin ein Teil uns'res Vaters,
des großen Geheimnisses.
Ich hab' seine Trauer gefühlt.
Und ich fühlte auch seine Weisheit,
sah seine Geschöpfe, die Brüder mir sind,
die Tiere, die Vögel,
die flüsternden Wasser und Winde,
die Bäume und alles auf Erden
und jegliches Ding im All.

Ich bin ein Verwandter der Sterne.
Ich spreche, wenn du zu mir sprichst.
Ich will lauschen, wenn du zu sprechen begehrst.
Ich kann dir helfen, wenn du Hilfe brauchst,
doch tu mir kein Leid,
unser Fühlen ist eins.
Ich bin gefüllt mit heilender Kraft,
doch wirst du suchen sie müssen.
Du denkst ich sei ein Felsen,
welcher liegt in der Stille,
in der Feuchte des Grundes.
Doch das bin ich nicht,
sondern Stück allen Lebens.
Ich bin lebendig, denen, die denken.
Ich bin zu helfen hier.

      Cesspooch
    (Dancing Eagle Plume)
     18. 12. 1973

Die Stimme in der Trommel

Da ist eine Stimme in der Trommel
eine Stimme spricht zum Volk,
lausche, wenn sie in heiliger Weise spricht.
Sie dringt in dein Ohr und dein Herz,
die Stimme deines Volkes.
Die Stimme der Mitte allen Seins
höre sie!

Leben

Leben
ist mein echter Besitz
die Ewigkeit dieses Augenblicks
dieses Raumes,
ein sanfter Ton
kommt von diesen heiligen Hügeln,
Wäldern, Seen
spricht von einer heiligen Art zu leben
dem Weg des Friedens
einem Licht
das auf unserer Mutter Erde aufgeht
und allen Geschöpfen Freiheit bringt,
so daß sie sehen,
Leben ist ewig.

      Komm mit mir und tanze
      sei du selbst
      und versuch' es zu sehen
      das Leben.
Dies ist der Anfang.

           Armin 8. 1. 1976

Ein indianisches Gebet

Du Vater, dessen Stimme ich im Wind höre
und dessen Atem die ganze Welt belebt,
höre mich, ich bin ein Mensch von dir,
eins deiner vielen Kinder,
ich bin klein und schwach,
ich brauche deine Stärke und Weisheit.
Laß mich in Schönheit wandeln
und laß meine Augen offen sein,
damit sie den roten und prupurnen Sonnenuntergang sehen können.
Gib mir Achtung vor den Dingen,
die du mein Volk gelehrt hast,
vor den Lehren, die du in jedem Blatt,
in jedem Felsen verborgen hast.
Ich suche Stärke, Vater -
nicht, um mich über meine Brüder zu erheben,
sondern um meinen größten Feind zu bekämpfen, mich selbst.
Laß mich immer bereit sein,
zu dir zu kommem mit reinen Händen
und ohne den Blick senken zu müssen,
wenn das Leben sich neigt, wie der Tag zur Neige geht,
daß mein Geist sich vor dir nicht schämen muß.

Tom White Cloud

Ich danke dem Schöpfer

Ich danke dem Schöpfer für die herrliche Gabe
... die Gabe ist Leben.

Wenn du aufhörst zu denken, wirst du wissen .....
wenn du lange genug gedacht hast.
Der Schöpfer gab uns unseren guten Bruder Sonne.
Die Sonne scheint am Tage, scheint auf unsere Ernte,
und die Ernte gedeiht.
Drum danken wir der Sonne.
Unsere Großmutter Mond ist die Sonne der Nacht.
Sie scheint in der Nacht,
damit wir den Weg sehen.
Drum danken wir Großmutter Mond.

Unsere Mutter Erde sorgt für uns,
solange wir hier ihr Gast sind.
Sie gibt uns Speise, Trank und Obdach.
Sie gibt uns das Feld,
damit wir Mais und Bohnen,
Kürbis, Kartoffeln und Zwiebeln pflanzen können.
Sie gibt uns Holz für ein wärmendes Feuer,
wenn es kalt wird.

Drum danken wir der Mutter Erde für alles,
was sie für uns tut.

         Robert Shenandoah
         Indianerschule Onondaga

In der Schöpfung besteht nichts für sich allein

Diese Zeichnung wurde von Johnny Creed Coe von der Cherokee Nation für Akwesasne Notes angefertigt. Er sagt, daß der Schild rund ist wie das Tipi, die Trommel, die Sonne und seine Mutter, die Erde. In der Mitte des Schildes ist der Büffel, stark, heilig, symbolisch für die Kraft und Weisheit unserer Eltern. Die Eltern sind es, die das Beispiel geben, wenn sie die Kinder lehren, nach den Gesetzten der Natur zu leben. Um den Hals des Büffels hängen drei Dinge: eine Pfeilspitze - auch ein Symbol für Kraft und Weisheit - ein Stückchen von einem Hirschgeweih, symbolisch für die Gaben der Schöpfung, und ein heiliger Felssplitter. Das Bild zeigt die vier Himmelsrichtungen, vier Lebensalter, vier Jahreszeiten, vier Punkte, die den heiligen Kreis des Lebens bilden. Die Adlerfedern stellen die Kraft und die Einheiten der Schöpfung dar, wie die Gesetzte der Schöpfung es verlangen: daß wir Brüder und Schwestern sind, in Harmonie mit allen unseren Verwandten: den anderen Geschöpfen der Schöpfung.

Das Schwitzzelt[13]

Wasser zischt auf Felsen und verdampft, Salbei duftet,
Felsbrocken fallen ins All, Sterne schleudern zischende Meteore.
Nein!
Es sind Gedankenfunken, mein Geist denkt, vielleicht,
aber unaufhörlich singt eine Stimme,
Schulter kauert neben Schulter zwischen Bergen,
Felsblöcke bewegen und berühren sich
und dumpf tönt das Echo im Weltraum.

Dies Zelt ist der Schoß der Erde, die Mutter der Zeit,
das Gewesene, das in die Zukunft mündet,

die Ungeborenen unseres Volkes berühren mein herabhängendes Haar,
ich erschauere, fühle mich wie ein Erstickender, meine Brust schmerzt,
wenn ich den Dampf schlucke, meine Nase atmet reine Dunkelheit.

Ich bin eine Schlange, die sich den Hügel hinabwindet,
zwischen Bäumen hingleitet; im Moos liegend sehe ich,
wie die Gefährten am Ursprung der Seelen hingleiten.
Ich rieche Zeder und Salbei, manchmal die heilige Pfeife,
dann Himbeeren und wieder Wasser, ein Singen erfüllt meinen Geist,
Wesen umkreisen mich, ziehen den Vorhang von meinem Hirn,
damit mein Geist sich der Dunkelheit öffnen kann,
während das Zelt hin und her schwankt, wieder im All kreist,
und das Singen verströmt, die Schulter wieder Pelz fühlt
und sich zur anderen Seite wendet, Schildkrötenpanzer berührt,
der da ist, ich sitze zwischen Bär und Meerschildkröte,
ja Bär und Meerschildkröte.

Ich strecke die Hand aus, befühle Brust und Beine
mit Händen und Armen, die ich nicht habe, nichts,
ich bin das Nichts, kein Körper, nichts,
ich bin ein Gedanke, ein Samenkorn im All,
ein verwehtes, verstreutes Ding zwischen Sternen,
eins von vielen, eins von zahllosen, kreisend und stumm,
stoße an die Hülse eines größeren Samenkorns,
das auch im Kreise wirbelt und wieder in der Hüls
eines anderen klappert.

Ich bin nichts, ich bin alles, ich bin ein Teil von allem,
ich bin ein Teil eines Kreises in diesem Zelt,
ein Kreislauf im Mysterium!
Ich höre es, und mein Körper bäumt sich auf,
aber es ist nur mein Nachbar, der keucht,
„Großvater!"
Diese Stimme kommt von innen und außen,
ist ein Ruf, ein Aufschrei,
erhebt sich wie eine Flamme zu einer Bitte
„Großvater?"

Dann verblaßt alles, vergeht, mein Selbst vergeht langsam -
in sich und über sich hinaus, unter den Geistern wandelnd
zwischen Samen, die Gedanken sind und reines Gefühl.

Dann ein Singen, ein Lied,
und weit hinten tief aus der Dunkelheit ein Flüstern
„Großvater, ich bin heimgekehrt."

Blue Cloud
Mohawk Territory

Bei meinem Kachina[14]

Ich stecke deine Federn in deinen Hirschlederbeutel.
Bald ist die Zeit für den Frühlingsregen wieder da.

Ich dachte, ich hätte dich heute am Joshua-Baum
auf einem großen Stein sitzen sehen
mit der Friedenspfeife in der Hand.

Die Lavafelsen sind jetzt dunkler,
fast nachtschwarz,
wenn ich mit meinem zerfurchten Gesicht vorbeigehe.

Ein daherziehender Stamm bietet mir Speise an
und einen Trunk kalten Wassers.
Es sind Navajos, hoch zu Pferde,
die Mokassins sind staubig von der Jagd auf Büffelgeister,
Büffel zwischen den Fingern.
Sie sehen, daß mein Körper verkrümmt ist
und geben mich wieder dem Leben zurück.

Dein Kürbis hängt über der Tür.
Ich brauche nicht die Perlenschnüre daran,
um an deinen Namen erinnert zu werden.
Ich male dich in türkis- und mahagonifarbenen Sand,
so daß ich bei deinem Bild verweilen muß,
ganz in mich versunken.

Morgen werde ich Samen am Rande des Feldes,
wo wir immer spielten, in die Erde stecken.

Bevor die Maissaat aufgeht,
werde ich mir Gedanken machen,
wie oft ich deinen Schatten hinter mir spüren werde,
wie oft es mich danach verlangen wird,
deine Augen zu berühren
und deinen Frieden in mich aufzunehmen.

Ich warte hier ganz allein,
habe nur meine Decke gegen die Abendkühle bei mir,
und ich weiß nicht, warum du mich nicht mehr findest.

El Gilbert

Sommer, Wind, Gesänge

Unsere Körper waren satt von Pferdefleisch,
unser Geist jung wie neugeborene Tiere,
wir sangen in den Sommerwind
und schlürften langsam das süße Wasser
der kalten Quellen unserer herrlichen Mutter Erde,
unsere Kraft aus dem Universum
war groß und gut,
wir wußten, unsere Kinder würden den Regenbogen nachlaufen
und heilige geflügelte Samen essen,
den Hirsch jagen und groß werden,
unser Glaube war der Glaube unserer Alten,
die die braune Erde in der Nacht sprechen hörten
und gefangene Krähen auf den bleichenden Knochen
unserer Feinde tanzen sahen und beteten,
daß die Hügel unserer in Decken gehüllten Vorfahren
immer unserem Volk eine Wärme gebende Heimat bleiben mögen.

Ja, wir waren satt von Pferdefleisch,
unser Geist jung wie neugeborene Tiere,
und wir sangen in den Sommerwind
all die alten heiligen Gesänge,
die uns der große Geist lehrt
seit der Dämmerung vor langer Zeit,
als er unseren Samen auf die Erde warf
und uns einen Namen gab
für alle Zeiten von den Sternen gesegnet.

Ross Laursen
Folsom Prison
August 1975

Ich tanze

Ich tanze	mit einem Regenbogen im Haar
ich tanze	und vergeß' für eine Weile den wühlenden Hunger im Gedärm und den Zorn im Herzen

Die alten Gesänge im Ohr und im Herzen sind es,
denen ich lauschen muß.

Ich vergeß' für eine Weile die kalte Gleichgültigkeit
der anderen

Ich tanze

Yvonne Johnson
1976

Heimkehr

Heim - das ist meilenweit entfernt.
Oder nicht?
Ich sehe es nur wie durch Nebel,
so weit ist das.

Ich schreite aus, um es bald zu erreichen.
Ich sehe im Geist die Menschen dort.
Ich fange zu laufen an,
weil ich weiß, daß ich willkommen bin.

Ich falle hin, denn ich trat auf einen Stein.
Ich sehe auf, und die Heimat ist noch so fern.

Ich weine, weil ich nicht glaube,
daß ich jemals dorthin kommen werde.
Dann denke ich immer wieder daran,
daß ich zu Hause geborgen bin.

Ich stehe auf und gehe weiter
mit dem Gedanken: ich geh ja heim.

Tsewaa

Geburt eines Apfelbaumes

Der Apfel sagt zu seinem Kern:
„Schluck mich!"
„Warum?" flüsterte der Kern.
„Weil ich dich nicht schlucken kann."
Kopfschüttelnd schluckte der Kern
und wurde immer dicker.
Dann mußte er aufstoßen und fiel zu Boden.

Er hatte verstanden und sagte zur Erde:
„Schluck mich."

       Thomas Early

Alte Krähe

Als der Herr der Morgendämmerung[15] erschien
und die gefiederte Schlange wiederkam,
sagte mir eine alte Krähe,
wie man ein gutes Leben führen könnte,
wie die Natur es sie gelehrt.

Freue dich
  halte die Augen offen
    entzünde das Feuer, sei Freund mit ihm
   flüstere von der Schönheit um dich

   Unten
oben
sei überall zuhaus
sieh dich weiter um
     beim zweiten Mal
    langsamer
und jedesmal singe dabei
und dir werden Flügel wachsen

       Juan Reyna

Ganienkeh[16]

Heute ist es zwei Jahre her,
zweimal, daß sich das große Rad gedreht hat

kalter Regen fällt,
Donnerwesen sprechen auf fernen Hügeln.

Auf Luftphotos
(sagt ein Senator)
kann man gefällte Bäume sehen
und die Wracks alter Autos,

wie können diese Menschen sagen
(sagt er),
daß sie die Natur lieben,
wenn sie so etwas tun

auf einem Platz,
der einmal ein Lager der Pfadfindermädchen war.

Es war vor zwei Jahren,
zweimal ist sanft der Schnee gefallen
und zweimal hat sich die Erde verjüngt,

zweimal sind die kleinen Frösche erwacht
und brachten mit ihrem Lied neues Leben in die Marschen,

zweimal hat der junge Mais grüne Hände erhoben
von einem Boden, von dem die Experten immer noch sagen,
daß er nie Früchte tragen würde,

und während in der Hauptstadt Debatten toben,

leben die Menschen auf dem Land des Feuersteins,
gehen ihre Füße gemeinsam über die Erde,
teilen ihre Hände sich die Arbeit,
teilen ihre Augen den Schmerz und das Lachen,
das sogar den harten Feuerstein in ein Lied verwandelt.

Joseph Bruchac

Geschichtenerzähler

Ich heiße Niemand,
mein Name soll nicht genannt werden,
ich bin nur ein Geschichtenerzähler,
bewahre Geheimnisse, die Kunde von einst,
die Weisheit und die Lehren der Alten.
Rück' näher ans Feuer,
denn ich will zu dir sprechen.

Ich heiße Niemand,
mein Name soll nicht genannt werden,
bin Sänger und Träumer, bin Seher, Schamane,[17]
der Sklave der Wahrheit, der Meister der Lüge,
bin Liebender, Vater, Bruder, Kind.
Meine Geschichte begann, als das Feuer entstand.
Ich zog über die See mit meinem Volk,
mit meinem Wolfs-Klan[18] und den Geheimnissen der Eule.

Ich heiße Niemand,
mein Name soll nicht genannt sein,
ich bin der Reisende und der Weg,
ich bin der Puma und seine Beute,
ich bin die Made, die auf den Geier wartet,
ich bin der Atem der Sterne,
bin Dung und bin Asche, bin Staub und bin Kalk,
ich bin der kopflose Vogel der Zeit.

Ich bin Bewegung, Ekstase,
Fremder, mein Freund, meine Stimme ist deine,
lausch deiner Seele, denn wir sind eins.
Wir heißen Niemand,
unser Name soll nicht genannt werden.
Rück' näher ans Feuer,
wir wollen die Träume unseres Volkes erzählen,
Geschichten von Liebe und Sehnsucht,
und die Lieder der Ungeborenen singen.

Manitongquat
(Medicine Story)

Großmutter Crow Dog

Da ist Großmutter Crow Dog,
drüben sitzt sie auf ihrem Stuhl,
raucht eine Zigarette und hebt die Hand
während sie spricht
(mit der Stimme einer weisen alten Dame).

Sie erzählt mir von ihrem Leben,
fragt mich, wo ich war,
wer starb, weil ich mein Haar kurz schnitt,
warum ich nicht bleibe
anstatt mit der Jugend von Rosebud herumzuschweifen,
die Straßen seien vereist, es sei kalt.
„ Warum bleibst du nicht hier, es ist Abend;
wenn du gehst, könntest du einen Unfall haben,
die Straßen sind glatt, gestern Abend wurde eine Frau
überfahren. Sie war betrunken.
Du trinkst doch nicht auch?"

„ Nein, Großmutter".

„Das ist gut, denn Trinken ist schlimm".

(Stille, das Holz im Ofen knackt, der Tee duftet,
vier Teelöffel Zucker sind drin).

„Großmutter, ich muß jetzt gehen."

„Kind! Es ist zu kalt und gefährlich, bleibe hier".

Ich stehe auf, gehe hinüber und küsse die weiche,
runzelige Wange.
Sie sieht mich von der Seite an und sagt:„Komm bald wieder."

Ich hätte niemals weggehen sollen.
Earth Lodge Woman

Denk daran

Wir pflegten vor dem alten Spiegel mit dem Holzrahmen zu stehen, meine Großmutter und ich, und die Zöpfe für die Nacht zu lösen. Sie bürstete mein dunkles, weiches Haar mit knochigen Händen - dann glätteten meine weichen Finger ihre Silbersträhnen: Still lächelnd flochten wir am Morgen unser Haar.
Ich hielt ihre Hand und sah sie sterben. Häßliche, schmutzige Gebäude, diese Krankenhäuser, auch wenn sie ständig gereinigt werden. Sie stirbt in einem künstlichen gelben Viereck von Ruine. Eine Comanche. Comanchen sterben draußen, sagte sie zu mir. Um die Kraft nicht zu verlieren. Um deine Kraft zu erhalten, zufrieden zu sein in der nächsten Welt, gibst du den Geist unter dem Himmel auf. Unter den Sternen, sagte sie. Häßliche weiße Ärzte, weißgekleidet, weißes Gesicht. Ich möchte schreien.

Denk daran

„Eines meiner Mädchen wird einen Indianer heiraten", sagte sie.Wieder ist es morgens. Und vielleicht steht eine Verwandte - oder zwei - wie wir vor dem Spiegel am Morgen. Ihre Kinder wissen noch von ihrer Kultur, trotz Großstadt, Schule und Leben in der Masse, die die Erinnerung schon verwischt haben. Sie verdammt sie nicht, aber sie pflanzt das Reis des Stolzes und der Einheit in ihre Enkel. „Erzieh deine Kinder auf unsere Art", flüsterte sie. „Als Indianer. Lebe dein Leben im heiligen Kreis."
Ich sitze im Schein des abendlichen Feuers. Das Wasser auf dem Herd summt und zischt. Das schwarze Haar meines Mannes glänzt. Seine schmalen, braunen Hände halten unsere Tochter. Unsere schwarzäugige Tochter. Mit schöner brauner Haut. Ein hübsches mandeläugiges Kind. Schützend umgibt uns unser rundes Haus.

Meine Kousine hat ein rundes Gesicht, schräge Augen, eine starke Nase, hohe Backenknochen. Meine Kousine hat helle Haut, hübsches dunkelrotes Haar, klare grüne Augen. „Bist du Indianerin?" wird sie wegen ihres Gesichts, ihrer Bewegungen, gefragt.
Großmutter hilf uns, wir sind so hilflos. Die Kinder in der Schule verhöhnen uns: Rothaut, Rothaut. Dreckige Rothaut. Wir werden von den eigenen Leuten verachtet, die meine Mutter wegen ihrer weißen Vorfahren hassen. Hilf uns, hilf unseren Kindern.

Ich trage meine Großmutter. Sie ist so leicht und schön wie eine Feder in meinen Armen. Ihr Haar ist offen. Ihr Haar ist wie fallendes Silber. Ich liebe meine Großmutter, ich will nicht, daß ihr Geist in dieses Krankenhaus gesperrt wird. Ich will, daß sie wie eine Comanche stirbt. Ich will, daß ihr Geist sich aufschwingt, wenn er den Körper verläßt, daß er frei zu den leuchtenden Sternen fliegt. Weißgekleidete Ärzte ziehen mich weg, weißvermummte Krankenschwestern greifen nach mir, aber unsere Heilige Kraft zeigt mir einen Weg. Schon bin ich durch die Tür und in der Nacht von Los Angeles. Großstadt unter Sternen. Meine Großmutter stirbt. Man muß einen heiligen Ort für seine Toten haben. Ich warte einen Augenblick, wende mich dann nach Westen, zwei Häuserblocks weiter zu einem Parkrand mit Erde und Bäumen. Ich verlasse die Ärzte und Schwestern, die in einem grünlichen Viereck eingesperrt sind. Ich hoffe, sie werden einmal heraus können. Ich bete für sie, Himmelsgeist. Ich bete für meine Großmutter, die unter herrlich funkelnden Sternen stirbt. Sie fühlt den Blick der Berge. Dann ist es vorbei.

Jetzt spüre ich sie überall. Morgens, wenn ich Feuer mache. Ich sehe sie in den Augen meines Kindes, Little Wing. Am Abend wärmt sie uns. Ihre heilige Kraft schützt uns, und sie dankt uns. Wir sind alle zusammen.

Lynne Sigo
Winter 76

Indianerkunst

Waren wir nicht schön,
waren wir nicht alle schön
mit unseren Lederkleidern, den Stachelschweinborsten,
den Metallbuckeln und den Perlen?
Waren wir nicht schön,
waren wir nicht alle schön?

Oh, sie haben unsere leeren Hemden
in ihre kalten Marmorhallen gehängt.
Sie haben unsere Körbe etikettiert,
sie strahlen unsere Masken an,
unsere Pfeifen liegen in Glaskästen verstreut.

(In diesen Farben eilten wir durch die dunklen Wälder,
über die Dünen der unwirtlichen Wüste).

Wo haben sie denn unseren Lebensatem aufgehängt?
Unseren hellen Blick,
wo hängt unser Gesang, unsere Sorge?

Diane di Prima

Emporsteigende Fremde

Sie starb in der Nacht, nachdem sie mir erklärt hatte,
daß Poesie eine Quelle der Kraft sei,
ein Königreich für jedes Wesen,
das sie erwählt:
Fisch, Stern, Mensch.
Sie sang ein Navaho-Gedicht,
doch bald war sie ermattet,
sagte die Kraft verließe sie,
sie würde bald gehen, nach drüben.
Später dann am Abend sprach sie von Freundschaft mit Kojoten,
der Philisophie der großen Vögel,
einer vorgeschichtlichen Himmelsfrau,
die die Nacht erschuf,
ewige Feuer, in die sie hineinschritt.

Sie sang über eine Stunde lang,
faßte dann meinen Arm und sagte,
daß in bestimmten heiligen Steinen
Wasser und Wolken seien und Träume,
daß sie in meinen Augen lese
und mir die Wahrheit sagen könnte,
daß ihr Name in meiner Sprache
,,Emporsteigende Fremde" sei.

Ich betrachte den braunen Hügel ihres Körpers
unter dem Leichentuch.
Sie ließ mich zurück,
die Sterne anbettelnd, mich krümmend
von Wind umbraust, von Sonne versengt.
Ihr Blutgesang steigt in des Himmels Antlitz,
singt Legenden, Visionen und Todeslieder des Karnevals,
läßt mich den Körper und alte Lieder vergessen.
Ich bin ein neuer Stein
mit Wasser, Wolken und Träumen.
Ich gehe zur Tür hinaus
und hebe meinen Arm in die dunklen Wolken der Dämmerung,
alle Gedanken der Erde und ihrer Luft mit meinem Körper aufnehmend
wie einen Regen.

Richard Currey

Alles war wieder wie es war

Ein Leichentuch deckte die Erde,
die rote Sonne stieg auf am Himmel
und ein starker Wind sprach zu dem Land
über den Knochen derer, die die Sonne auf die Erde
niederzogen, der Flüsse Lauf veränderten und
Berge zertrümmerten.

Alles war wieder, wie es war,
alles war wieder, wie es war.

          Git—git

Schritte

Ich setzte meinen Fuß auf die Erde,
fest drückte er sich ein,
Schlamm war zwischen meinen Zehen.

Ich gab mein Auge dem Habicht,
er nahm es
und füllte die Augenhöhlen mit Sonnenlicht.

Ich stieß die langsame Schildkröte an,
sie blieb stehen
und bot mir an, mich zum Fluß zu tragen.

Ich fing das Reh im Wald
und segnete den Pfeil,
er wird mein Weib, mein Kind sattmachen.

Ich lauschte des Sängers Gesang,
er sang von alten Zeiten,
und ich fand den Weg.

Ich pflückte rote Beeren auf der Wiese,
die ersten Früchte des Frühlings,
und der Winter schwand.

Ich wartete auf den Westwind,
und er kam den Hügel herab
und deckte meine Knochen zu.

       Maurice Kenny

Dann

Sollte ich drinnen sterben, tragt mich bitte hinaus.
Wenn ich schon draußen bin, laßt mich liegen, wo ich bin,
damit am Tage die Bussarde von mir zehren können,
die großen harmlosen Vögel, und in der Nacht können Kojoten
und Wildkatzen ihre Speise bei mir holen,
denn ihr Leben ist nicht immer leicht,
und ihre Kraft muß gewaltig bleiben.
Vielleicht wird auch eine Berglöwin mich mit ihrem Besuch beehren,
und - sollte es im Frühling sein - wird sie die Jungen mitbringen.
Ich werde zu der Familie sagen: „Ich grüße euch."

Mag der Bestatter auch mit seinen Vorschriften kommen:
Legt mich nicht in einen zur Kiste verschandelten Baum,
der innen Metall, Zement oder Plastik ist.
Das ist ein Vergehen wider die Natur.
Und vor allem: werft mich nicht der heißen Zunge des Feuers
zum Fraß hin.

Wenn der Tod einen Sinn hat, dann ist es Leben,
gleich nach ihm wieder vielfältiges Leben:
Das schöne samtfüßige Leben des Löwen,
das schwebende, luftige Leben des Bussards,
das geschäftige Leben der Fliege,
das Leben des bohrenden Wurms,
der Millarden Morgen Ackerland schon bearbeitet hat,
viel mehr als der Mensch mit seinen ausgeklügelten Geräten.

Laßt mich von ihnen allen ein Teil sein.

Laßt mich mit samtschwarzen Raben über grüne Hügel fliegen.
Laßt mich bei Nacht mit dem weißnasigen Waschbären am Bach sitzen.
Laßt mich Höhlen graben mit dem unterirdischen Dachs.

Dann, wenn später nichts mehr ist als Knochen, ein wenig Haut
und Haar, erlaubt mir zur Mutter Erde zurückzukehren.

Im ersten Jahr wird ein großer Pilz wachsen, wo ich war,
im zweiten grünes Gras, so hoch, daß die Hirsche davon satt werden,
im dritten wird ein Chapparalbusch aus meinem Kopf
und ein Manzanitabaum aus meinen Zehen wachsen,
im vierten eine große, immergrüne Eiche, so daß die Eule
in mir ihr Heim bauen und ihre (meine) Kinder aufziehen kann,
im fünften eine Weißeiche, und ich werde mit den Spechten
und flatternden Hähern schwatzen,
im sechsten eine Fichte, und das graue Eichhörnchen wird von
meinen Zapfen essen und ich so ein Teil von ihm sein.

Und wenn der Wind weht, dann kann ich auf meine Spitze klettern
und in luftiger Höhe schaukeln, begeistert wie ein Kind.

Betteln ist nicht meine Sache, aber diese eine Bitte habe ich:
Übergebt mich nicht dem Bestatter mit seinen toten Chemikalien
und dem Mißbrauch des Feuers.

Laßt mich leben in Ewigkeit.
Was aus meiner Seele wird, das weiß ich,
laßt darum meinen Körper seine Bestimmung erfüllen.

J. B. Bernhard

Cahuilla[19]

Ich bin Cahuilla,
ich bin stolz,
ich bin stark.

Ich stehe hier in der Mitte,
ich weiß, wo ich stehe,
ich weiß wo ich sterben werde.

Ich bin das Volk, das jetzt ist,
ich bin das Volk, das einst war,

ich werde auch sterben und zur Sonne gehn.

Jomay Lubo Modesto

Hinter der Sonne

Sie war die letzte der Pueblo-Frauen,
ihr Volk war schon lange verschwunden,
hatte die freundlichen Felsklippen verlassen,
wo es so lange gelebt hatte,
ließ die alten Stammesgeheimnisse zurück,
die sie für immer in das Pueblo
ihres Geistes verschloß.

Sie war die letzte ihrer sanften Rasse,
und bald wird auch sie die Mesa[20] verlassen müssen,
die sie liebte, denn die Geister
ihres verschwundenen Volkes
rufen sie leise
in ein neues Pueblo hinter der Sonne.

Ross Laursen

Anmerkungen

1 Ann Jocks indianischer Name ist Karonihanoron, d. h. Klarer Himmel. Sie ist eine Mohawk und die Mutter des Bär-Klan. Sie versuchte die erste indianische Alternativ-Schule im Reservat der Irokesen aufzubauen.

2 Akwesasne Notes ist die größte panindianische Zeitung Nordamerikas. Sie erscheint in englischer Sprache. (Akwesasne = wo das Rebhuhn balzt.) Vollständige Adresse: Akwesasne Notes, Mohawk Nation at Akwesasne, via Rooseveltown, NY 13683.

3 Wounded Knee: 1890 wurden etwa 300 Dacotas unter Häuptling Big Foot, darunter etwa 200 Frauen und Kinder von dem 7. Kavallerieregiment niedergemacht. 1973 besetzte eine Gruppe Oglala-Dacota zusammen mit Leuten des American Indian Movement (AIM = Amerikanische Indianer Bewegung) den Ort Wounded Knee und hielten ihn 72 Tage lang gegen das FBI unter schweren Strapazen besetzt.

4 Die meisten Verträge um Land, die zwischen Indianern und Weißen geschlossen und fast immer sehr schnell von den Weißen gebrochen wurden, beginnen mit „Solange das Gras wächst und die Flüsse fließen...", was für die Weißen nur eine Floskel war.

5 Übersetzt aus „Wassaja" (Let my People know), a National Newspaper of Indian America, März 1976 (American Indian Historical Society).

6 Nelson Small Legs jr., 23 Jahre alt, starb am 16. Mai 1976 in Pligan Nation, Alberta, durch eigene Hand. In einem hinterlassenen Brief begründet er seinen Freitod mit dem Wunsch, im Kampf um indianische Rechte ein Fanal zu setzen.

7 Coups sind Schläge mit einem Stock oder der Hand ausgeführt gegen einen Feind während des Nahkampfes. Bei den Prärievölkern war es ehrenhafter, einen Feind zu berühren, als ihn zu töten.

8 In Montana wurden große Teile des Cheyenne-Reservats durch das Bureau of Indian Affairs, (BIA), an Kohle-Gesellschaften verpachtet. Dafür wurde den Cheyenne versprochen, daß es ihnen durch den Kohleabbau besser gehen würde. Die Cheyenne, die sich vom BIA hintergangen fühlten, beauftragten Umweltexperten, ein Gutachten zu erstellen. Danach ist abzusehen, daß durch den Abbau im Tagebau, (Strip mining), große Landflächen verwüstet, das Wasser der Flüsse abgepumpt, verschmutzt und erwärmt wird, und daß Abgaswolken entstehen mit einem Ausmaß wie die über New York und Los Angeles zusammengenommen. Da für die Indianer-Reservate die Umweltschutzbestimmungen nicht gelten, ist zu erwarten, daß die Kohle-Gesellschaften nach Erschöpfung der Vorkommen das Land nicht wieder in den ursprünglichen Zustand zurückversetzen. Ein Rechtsanwalt erhielt den Auftrag, in Washington D.C. eine Kündigung der Pachtverträge durchzusetzen. Es ist aber unwahrscheinlich, daß er mit seinen Forderungen durchkommt angesichts der allgemeinen Energiekrisen-Hysterie in den USA. (siehe: Claus Biegert, Seit 200 Jahren ohne Verfassung, 1976, S. 48).

9 Mesquite ist ein Strauch in den warmen und trocknen Gebieten Nordamerikas.

10 Hogan = achteckiges Navaho-Haus aus Baumstämmen mit einem flachgewölbten Dach ohne Fenster und mit der Tür nach Osten.

11 Totem = kultischer Gegenstand, der durch einen Schutzgeist gegeben wurde.

12 Pueblo ist Spanisch und heißt 'Dorf'. Man könnte sie, die Pueblos, als riesige Mehrfamilienhäuser bezeichnen, in denen eine ganze Dorfgemeinschaft Platz hat. Sie werden von Völkern des Südwestens der USA bewohnt, und schon die Spanier fanden sie in ihrer heutigen Form vor. Sie sind meistens auf Tafelbergen, den 'Mesas' aus luftgetrockneten Ziegeln errichtet. Die Eingänge zu den einzelnen Wohnungen liegen meistens auf dem Dach des ersten Stockwerks und können über Leitern erreicht werden, die bei Gefahr eingezogen wurden. Es finden sich viele verlassene Pueblos im Südwesten.

13 Um sich vor einer religiösen Handlung (Sonnentanz) zu reinigen, gehen die Prärie-Indianer in das Schwitzzelt. Es ist ein Vorgang ähnlich wie bei der Sauna der Finnen, nur hat das Schwitzzelt noch eine tiefere kultische Bedeutung. Es stellt den Kosmos im Kleinen dar. (Werner Müller, Glauben und Denken der Sioux, Berlin 1970, S. 113).

14 Kachina = Fruchtbarkeitsgeist.

15 Der Morgenstern Quetzalkuatl (Venus).

16 Ganienkeh ist ein Mohawk-Wort und bedeutet ‚Feuersteinland'. Vor einigen Jahren hat eine Gruppe von Mohawks mit Freunden aus anderen Stämmen dieses verlassene Pfadfindercamp besetzt und versucht es urbar zu machen, um dort auf ihre überlieferte Weise zu leben. Nach anfänglichen Schwierigkeiten, die in der Hauptsache von staatlichen Behörden ausgingen, sind sie zu einem Gemeinwesen zusammengewachsen allen Anfeindungen und Besserwissereien zum Trotz.

17 Ein Schamane oder ‚Medizinmann' ist gleichzeitig Priester und Heiler.

18 Klan = Familienverband

19 Cahuilla = Stamm im südlichen Kalifornien.

20 Mesa = Tafelberg.